周逸
著绘

中国轻工业出版社

周逸 自由插画师，葡萄牙东隅艺术工作室主理人，"我们今天去哪儿画"游学讲师。本科毕业于浙江外国语大学美术学专业（设计方向），后赴葡萄牙里斯本大学攻读绘画专业硕士。擅长使用板绘作画，多描绘欧洲的日常生活。作品曾登上葡萄牙媒体 *Mensagem de Lisboa* 专题报道，并与葡萄牙国家旅游局开展插画合作。

此外，其作品屡获国际插画大赛奖项并参展：

- 2023年　获美国艺术创业者平台"插画与叙事艺术奖"优胜奖
- 2023年　获 Hiii Illustration 国际插画大赛最受欢迎奖
- 2024年　入选第九届全国插画双年展
- 2024年　获 NTF 评审团特别提及奖
- 2024年　获美国 3x3 国际插画大赛优胜奖
- 2024年　获欧洲 iJungle 国际插画大赛优胜奖
- 2025年　入选美国 Communication Arts 年度插画大赛短名单

YI ZHOU

  I took notice of the work of Yi Zhou through a social media network. My curiosity about this young Chinese artist only got bigger when I realized that he not only draws Lisbon, but he also lives in Portugal. It's this living experience that allows him to capture the reality of Lisbon (but it could be anywhere in Portugal···) in such a realistic way - showing not a "story" or a "comic" - but real daily-life of common people ~ *Those Moments in Lisbon*. As Ambassador of Portugal in Beijing, I am particularly pleased to see my country's capital city being presented to the Chinese public through the art of one of their own, Yi Zhou, a much talented heir of a long Chinese tradition. I believe that the very much merited success of Yi Zhou will much contribute to further show Portugal in China. We look forward to new works by Yi Zhou and welcome all friends to experience Portugal themselves.

Paulo Jorge Nascimento

Ambassador of Portugal

May, 2025.

葡萄牙共和国驻华大使（Ambassador of Portugal）保罗·纳西门托（Paulo Jorge Nascimento）来信

 # 前言

　　我叫周逸，是一名生活在葡萄牙里斯本的自由插画师。不知不觉，这已经是我在欧洲生活的第九年，也是用画笔记录生活的第九年。

　　我喜欢带着速写本出门，以便随时记录日常瞬间——小巷中传出的法多旋律，黄色电车行驶时的叮当声响，街角蛋挞店飘来的阵阵香气，或者金光洒满红瓦白墙的某个日落时分。这些细碎的片段，拼凑出我心中最柔软、也最真实的里斯本。

　　我并不擅长用文字表达自己，因此绘画于我是一种格外珍贵的表达方式。常常在那些忙碌而平淡的日子里，被琐碎的现实困住，仿佛与这个世界失去了连接。而每当拿起画笔，那根几乎消失的线便重新浮现，把我拉回生活，做回自己。

　　正因如此，我想用画笔介绍这座我深爱的城市。不紧不慢的里斯本，是一位懂得留白的艺术家，她从不急着描满每一处风景，而是留出空间，让来访者自己去感受、去体会。在这儿我学着放下急躁，接住生活中的不确定，与这个世界慢慢和解。

　　如果你和我一样，身处异地，或正面对某个人生岔路口，希望这本书中的某块色彩、某一段文字，能为你带来一丝温暖与继续前行的勇气。

2025 年 5 月记于葡萄牙里斯本

目录

第一章 老城印象

09	上城区	45	阿尔法玛区
09	老街一瞥	46	集体婚礼
12	夜幕之下	48	观景台
17	沙丁鱼节	54	里斯本电车
		61	阿方索猪扒包
22	下城区		
25	贝特朗书店		
29	葡萄牙之诗		
31	巴西人咖啡馆		
38	里斯本罐头工坊		
42	百年手工蜡烛店		

第二章 沿河漫步

- 73 商业广场
- 82 与海洋精灵不期而遇
- 84 贝伦塔
- 87 发现者纪念碑
- 90 水上巴士
- 94 贝伦蛋挞店
- 103 当代艺术博物馆
- 108 里斯本艺术、建筑和技术博物馆
- 110 国家瓷砖博物馆

第三章 城市生活

- 116 庞巴尔侯爵广场
- 119 自由大道
- 130 圣诞季的爱德华七世公园
- 133 双层观光巴士

136	古本江博物馆
144	在里斯本的第一个家
146	葡式生活
151	楼下的冰激凌店
153	古董街
154	王储花园
158	马蒂姆·莫尼兹华人货行
172	万国公园世博区

第四章 市场的烟火气

189	小偷市场
197	LX 工厂
200	闲暇市场

第五章 别样风光——卡斯卡伊

220　葡萄牙旅行常用语

第一章 老城印象

上城区

里斯本是葡萄牙的大门，老城区则是这座城市的心脏。漫步在上城区（Bairro Alto），每一步都是与历史的对话，每一瞥都流露出人情味儿。

老街一瞥

老城区地形起伏，第一次来旅游的朋友往往叫苦不迭，建议你去试试比卡（Bica）缆车。黄色的车厢自 1892 年起就载着人们轻松地上下陡峭的山坡，它不仅是出行工具，更是体验里斯本独特魅力的一种方式。

比卡缆车

杜克（Duque）葡式碎石路

遇到没有任何交通工具的陡坡，不妨就放慢脚步，看看沿途充满历史和温情的街道。走累了也不怕，来路边的咖啡店点一杯咖啡放松，与朋友聊聊今天的趣闻，独自一人时就发呆，眺望山顶的圣若昂（são João）城堡，它就像个老友，在山顶屹立了一千多年。

11 第一章 老城印象

咖啡店的推荐饮品：康派（Compal）果汁，乌卡尔（Ucal）巧克力牛奶，翡若泉（Pedras）气泡水，国民啤酒超级波克（Super bock），立顿（Lipton）冰茶。

咖啡店的常见饮品

夜幕之下

随着夜幕降临,上城区(Bairro Alto)便焕发出别样的魅力。白天宁静的街道此刻灯火通明,人们三五成群,汇聚在小酒吧和餐馆中,享受美食、美酒与音乐,每一个角落都充满了欢声笑语。

这里没有陌生人,只有还未认识的朋友。夜晚的上城区,是人们忘却烦恼、尽情欢笑的地方。

夜晚的上城区老街

不擅长与人交谈的朋友,不妨去听一听法多(Fado)民谣。在灯光昏暗的小酒馆,歌者低吟浅唱,用深情的旋律讲述着爱与失落的故事。你可以安静地坐在角落,感受那份孤独与深情,这时每一个音符都在诉说你的心声。这个夜晚,你不再感到孤单,而是与所有聆听者一同分享这份无言的情感。

法多民谣与表演者

法多是葡萄牙的传统音乐,以深情和哀伤的旋律著称,通常由歌手伴随吉他演奏。它的歌词多涉及爱、命运和失落,表达内心纷繁的情绪。

演奏法多民谣的餐厅

沙丁鱼节狂欢

沙丁鱼节

每年 6 月在上城区举行的沙丁鱼节（Santos Populares）是里斯本一年一度的狂欢盛事，这时，街头巷尾都弥漫着烤沙丁鱼的香气，男女老少一同在彩灯装饰的街道上欢聚庆祝。

沙丁鱼在炭火上烤制，只需轻轻翻动，飘散的香气便能勾起每个人的胃口，这是一年中沙丁鱼品质最棒的时候！

第一章 老城印象

　　从前,沙丁鱼一度被称作"平民的海鲜",但现在,无论贫富、地位多么不同,在这道美食面前都变得微不足道。人们品尝的每一口沙丁鱼都是一种享受,都是对生活的赞美,我想这就是美食的魅力吧!

制作葡式土豆甘蓝汤前的准备

除了烤沙丁鱼,节日上还会售卖一款叫作葡式土豆甘蓝汤(Caldo verde)的传统汤品,我的房东迪尼斯(Dinis)曾教我制作方法,据说是他祖母的配方,大家也可以在家里试试看。

C C C C C C C

 材料

2~3 个中等大小的土豆,去皮并切成小块

1 个大头菜(Collard greens)或羽衣甘蓝,切成丝状

1 个洋葱,切碎

2~3 瓣大蒜,切碎

2~3 片薄片葡萄牙香肠(Chouriço),或类似的香肠切成薄片

橄榄油

盐和胡椒

做法

在一大锅中,用橄榄油炒香洋葱和大蒜,直至洋葱变软。加入土豆块,加入足够的水,使土豆完全浸泡于其中。盖上锅盖,煮沸并煮 15~20 分钟,直到土豆软化。使用搅拌器将土豆打成泥状。加入切好的大头菜丝,继续煮约 5 分钟,直到大头菜变软。

在煮好的汤上撒上盐和胡椒,根据需要调整味道。在汤中加入葡萄牙香肠薄片,煮 2~3 分钟,直到香肠加热,完成!

祖母牌葡式土豆甘蓝汤

那些在里斯本的瞬间

下城区

下城区（Baixa chiado）是里斯本最热闹的街区，各式各样的手工商店、咖啡馆沿着古老的街道依次排开。我刚来葡萄牙时，几乎逛遍了这里的每一家店铺，一逛便是一天。

23 第一章 老城印象

贝特朗书店

路口的贝特朗（Bertrand）书店自开业以来，陪伴着一代又一代的葡萄牙读者成长。它的历史可以追溯到 18 世纪，虽曾因 1755 年的大地震被迫迁址，但很快便重新回到这条老街并持续经营至今。

这间历经沧桑的书店见证了里斯本的许多重要时刻——大地震、共和国成立、康乃馨革命。而入口处悬挂的吉尼斯世界纪录证书,则骄傲地向每一位来访者展示着它作为"全球持续运营时间最长书店"的殊荣。

书店一隅

PORTUGUESE SEA

OH SALTY SEA, HOW MUCH OF YOUR SALT
ARE THE TEARS OF PORTUGAL! BECAUSE
WE CROSSED YOU

HOW MANY MOTHERS CRIED
HOW MANY CHILDREN PRAYED IN VAIN
HOW MANY BRIDES NEVER MARRIED
SO THAT YOU WOULD BE OURS, OH SEA!

WAS IT WORTH IT? ALL IS WORTH IT
IF THE SOUL IS NOT SMALL.
THOSE WHO WANT TO PASS BEYOND BOJADOR
HAVE TO PASS BEYOND THE PAIN
GOD GAVE DANGER AND THE ABYSM TO THE SEA
BUT IT WAS ALSO THERE WHERE HE MIRRORED THE SKY

文学巨匠们

葡萄牙之诗

费尔南多·佩索阿(Fernando Pessoa)和路易·德·贾梅士(Luís de Camões)是葡萄牙文学史上的璀璨星辰,是葡萄牙文学中最为人熟知的姓名。他们笔下的作品饱含对民族的热爱,也描绘葡萄牙人的出海冒险。佩索阿在《葡萄牙的海》中用文字表达对海洋的深情:"啊,咸涩的海洋,你的盐分,是多少葡萄牙人的泪水!"

贾梅士雕像

贾梅士则写下象征着航海探索精神的"陆止于此,海始于斯",葡萄牙人尊敬他,在距书店步行仅三分钟的地方,以他的名字命名了广场(Praça de Luís de Camões),竖起雕像。

巴西人咖啡馆

书店对面的巴西人咖啡馆（A Brasileira）经常座无虚席，它成立于 1905 年，是里斯本最古老的咖啡馆之一。这家凝聚历史的老店一度是文人和艺术家的聚集地，佩索阿便是其中一位常客。

  他总喜欢伴着一杯浓烈的咖啡，一支烟，在沉思中写下那些关于存在与时间的诗句。如今咖啡馆门前的青铜雕像还原了他当年坐在这里的模样，游客们总会排队与他合影，这也是里斯本最具标志性的景象之一。

33　第一章　老城印象

佩索阿雕像

35 第一章 老城印象

咖啡的分类

  在里斯本的这几年，我慢慢从对咖啡无感到开始享受咖啡。葡萄牙人对喝咖啡很讲究，一杯咖啡能喝出十几种花样。简单来说，不同的风味取决于咖啡、牛奶与水的比例。

第一章 老城印象

初次体验葡萄牙咖啡的小伙伴可以选择葡式牛奶（Galão）咖啡，它通常装在一个大玻璃杯中，由 1/4 的咖啡和 3/4 的泡沫牛奶组成，口感柔和，大部分人都能接受。如果想感受更浓烈的风味，比卡（Bica）咖啡或小男孩（Garoto）咖啡是不错的选择，尤其是比卡咖啡，它是最经典的浓缩咖啡，能带给人最纯粹的咖啡体验。

里斯本罐头工坊

葡萄牙人世代与大西洋为伴,捕鱼是生活的一部分,而 19 世纪工业革命后,罐头工艺的引入,让新鲜的海味得以长时间保存,鱼罐头也成为葡萄牙人餐桌上的重要组成。

鱼罐头

创立于 1930 年的里斯本罐头工坊是一家小巧精致的传统罐头店，店内复古的木质货架上摆满了各式口味的罐头，搭配上五颜六色的复古包装，仿佛一件件小型艺术品。

里斯本罐头工坊的魅力不单单在于丰富的罐头口味，更在于每当顾客挑选完罐头，店员会用老派的手法进行包装——折叠油纸，包裹，封口，系上细棉绳。这个传统赋予了罐头满满的温度和故事感，也让小店的罐头成为里斯本最具代表性的伴手礼之一。大家买的不仅是鱼罐头，更带回了一份属于这座城市的记忆。

手工包装罐头

百年手工蜡烛店

沿着洛雷托街（Rua do Loreto）缓缓向上，便会遇到一家门口装饰着各式蜡烛的橱窗，古老的木门后藏着的是 Caza das Vellas Loreto——一家专门卖手工蜡烛的小店。

店里总是弥漫着淡淡的蜂蜡香气，昏黄的灯光下，整齐摆放着各种颜色、形状各异的手工蜡烛。人们会在生日、节庆或纪念日里点燃它们，祈愿好运与平安。

CAZA DAS VELLAS LORETO

　　最让我着迷的是那些手工雕刻的花纹蜡烛，色彩柔和，带着旧时光的温度。店主是一位白发的老太太，听说她的家族已经在里斯本守护这份手艺超过两百年。

阿尔法玛区

阿尔法玛区（Alfama）是里斯本最古老的街区，这里巷弄交错，红瓦白墙相连成片。28路电车缓缓爬坡，街角的小餐馆飘来食物的香气，登上观景台，远处的特茹河在阳光下熠熠生辉。

集体婚礼

每年6月的圣安东尼节,里斯本主教座堂前都会举行一场别具意义的集体婚礼。情侣们怀着对圣安东尼的深切信仰,期盼着能为他们带来幸福美满的婚姻与未来。一对对新人伴着亲友与市民的祝福,迈向人生的新篇章。里斯本主教座堂,这座建于12世纪的古老建筑,则成了这些爱情誓言的最佳"见证人"。

婚礼瞬间

观景台

　　初次到访的游客会感叹,一座城市怎么有如此多的坡道。里斯本建造在七座山丘上,因此得名"七丘之城",本地朋友常会开玩笑,说游览里斯本最重要的一点是要有好体力。每当你因爬坡爬到怀疑人生时,别放弃!这通常意味着观景台(Miradouro)离你不远了。

观景台视野

一站上观景台,人仿佛能瞬间恢复活力。我常去圣卢西亚观景台和太阳门观景台写生发呆,这里视野开阔,阳光的角度、海浪的流动、城市的喧嚣,一切都清晰可见,尽收眼底。

里斯本电车

百年前的电车负责日常通勤,如今的它是象征葡萄牙的招牌之一。在明信片等各式纪念品上总能见到它的身影。

黄色电车

城中的电车线路有六条,其中,要数 28 路电车最出名。从马蒂姆·莫尼兹(Martim Moniz)广场出发,蜿蜒穿越阿尔法玛、下城区和埃斯特雷拉(Estrela)等历史街区。慢悠悠的一小时车程,窗外闪过的风景在电车的节奏里缓缓律动。

在老城穿梭的电车

那些在里斯本的瞬间 58

第一章 老城印象

里斯本的电车始于 1901 年，是欧洲现存最古老的电车系统。每当踏上电车，仿佛不仅是一次简单的旅行，更是一段穿越时光的体验——像是时光机，连接着过去与今天。

静静乘坐电车的乘客

那些在里斯本的瞬间　60

猪扒包

阿方索猪扒包

　　"Bifana"是我非常中意的一道葡萄牙小吃,也就是中国澳门常讲的"猪扒包"。猪排(Porco)通过大蒜(Alho Picado)、月桂叶(Folha de Louro)、白葡萄酒(Vinho Branco)等作料腌制调味,然后入大锅熬煮。最后用外酥里软的圆面包夹着吃,口感软嫩、不塞牙。

离里斯本主教座堂不到 300 米,有一家我常去的猪扒包店——阿方索猪扒包店（As Bifanas do Afonso）。小小的店门口总是大排长龙,既是因为味道出众,也是因为 3 欧元一份的亲民价格。买上一份猪扒包,配上啤酒,简单的街头美食却是最地道的里斯本味道。

阿方索猪扒包店

如果想在餐厅堂食,无论有无预约,都需要在进店前与工作人员确认。一般对方会询问用餐人数并为客人安排合适的座位。

我觉得一个地方的用餐文化，能反映这座城市对生活的态度。葡萄牙通常的用餐顺序以前餐（Entrada）开场，接着喝汤（Sopa），品尝主菜（Prato Principal），最后以甜品（Sobremesa）及咖啡收尾。餐食的用料新鲜，香气质朴，原来雅致和烟火可以并存。

第一章 老城印象

3. PRATO PRINCIPAL

4. SOBREMESA

用餐文化

经典菜品

里斯本位于特茹河与大西洋的入海口,沿岸的景点数不胜数:发现者纪念碑、贝伦塔、各式博物馆……不同于老城区,这里地势平坦,伴着海风漫步其中,令人惬意又满足。

沿河漫步

71 第二章 沿河漫步

商业广场

商业广场

　　商业广场（Praça do Comércio）是里斯本最大的广场之一，面朝特茹河，稍稍转头便可以眺望到远方的 4·25 大桥（Ponte 25 de Abril）。这里曾一度是世界上最繁忙的港口，广场中央的何塞一世雕像（Estatua de D. José I），至今仍在向来往的旅人诉说曾经的辉煌。

　　广场周围聚集着许多街头艺人，其中吹泡泡人堪称明星！他的身后总能挤满一群追泡泡的孩子，他吹出快乐的泡泡，也吹出烦恼的泡泡，等风来，把它们都带跑。

何塞一世雕像

75 第二章 沿河漫步

吹泡泡人

在奥古斯汀街（Rua.Augusta）上尽情演奏的中提琴艺人

砌石头人

第二章 沿河漫步

虽然在特茹河中游泳不被允许,但沿着河岸散步,看着街头艺术家米罗(Miro)和佩德罗(Pédro)创作的岩石艺术也很有趣,一块块石头被他们涂上表情、堆成造型,像是躲在岸边的小怪兽,有点顽皮,也有点可爱。

4·25大桥

第二章 沿河漫步

红色的 4·25 大桥横跨天际,经常有人说它像旧金山的金门大桥,没错——两者确实出自同一家设计公司。它建于 20 世纪 60 年代,原名"萨拉查大桥",后来为纪念 1974 年 4 月 25 日葡萄牙摆脱独裁统治的"康乃馨革命"(Revolução dos Cravos),被正式更名为"4·25 大桥"。

与海洋精灵不期而遇

码头边有不少公司提供海豚观光之旅（Dolphin watching tour）服务，每逢春天，野生海豚便会光临里斯本，伴随来往的船只成群游泳。它们在这儿捕食鲭鱼和沙丁鱼，饱餐一顿后便耐心等待，再次乘潮返回辽阔的公海。

出海追海豚

我的海洋朋友

　　虽不能每次都遇见，但在葡萄牙的海域上，总有机会与各种海洋精灵不期而遇。如活泼的瓶鼻海豚（Bottlenose dolphin），有时也能看见身形更大的里索海豚（Risso's dolphin）。如果幸运值够高，或许还能瞥见小须鲸（Minke whale）、座头鲸（Humpback whale），甚至虎鲸（Killer whale）都有可能光顾。

贝伦塔

坐落于出海口的贝伦塔（Torre de Belém）是里斯本最上镜、最具标志性的建筑。五百多年前，这里曾是航海者远行前的最后一眼陆地，如今成了大家拍照打卡的必到之处。塔的四周总有海鸥盘旋，潮水拍着塔基，风吹过来，带着一点点大西洋的气息。

我最爱塔前那片大草坪。阳光好的时候，带着野餐垫静静躺在草地上，就算什么都不做，整个人也能被幸福包围。

贝伦草坪

贝伦塔上空的海鸥

发现者纪念碑

顺着河岸慢悠悠地走着,发现者纪念碑(Padrão dos Descobrimentos)很快就出现在视野里,安安静静地矗立在离贝伦塔不远的地方。

4·25大桥

纪念碑上密密站着三十多尊雕像,领头的是主导欧洲地理大发现的亨利王子(Infante D. Henrique)。他身后是发现印度航线的瓦斯科·达·伽马(Vasco da Gama)和完成首次环球航行的麦哲伦(Fernão de Magalhães)。一众探险家神情专注,仿佛正凝望着前方的海平线。站在纪念碑下向上望,就像在看一场葡萄牙黄金时代的"群像剧"——主角全员到齐,只等风来,便可出发。

水上巴士

　　水上巴士初看像一辆长长的公交车，停靠在码头边，甚至让人怀疑它是不是迷了路。开在路上，路人会好奇地多看两眼；驶进水中，又摇身一变成了船。车船之间自由切换，像是城市生活和小小冒险的连接点。

水中的巴士

坐着黄色的巴士，缓缓地在平静的特茹河面划出一道柔软的航线。两岸的风景被一点点拉远，视野也忽然变得开阔。没有高楼，没有喧闹，只剩风、水，还有不自觉地深呼吸。

贝伦蛋挞店

从贝伦塔往回走几分钟，就能遇到著名的贝伦蛋挞店（Pastéis de Belém）。蓝白瓷砖的门面前，队伍总是排得很长。等待的人们或聊天，或研究菜单，或拍照留念。

蛋挞

贝伦蛋挞店

贝伦蛋挞店内

  作为世界上第一家蛋挞店，贝伦蛋挞店提供的葡挞有着绝妙的风味。烘香的酥皮薄衣，凝成小山的黄油蛋汁，轻咬一口，奶香扑鼻。据说葡挞配方被藏在店内某处，因此1837年成立的蛋挞店依旧延续着200年前的味道，从未更改。

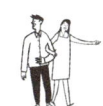

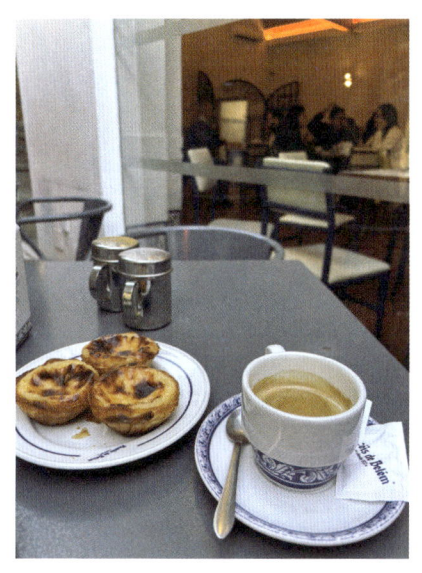

推荐大家务必体验一次堂食，刚出炉的蛋挞外皮酥脆，挞心松软。吃的时候可以入乡随俗，撒上肉桂粉才是正确的打开方式！

热乎的贝伦蛋挞

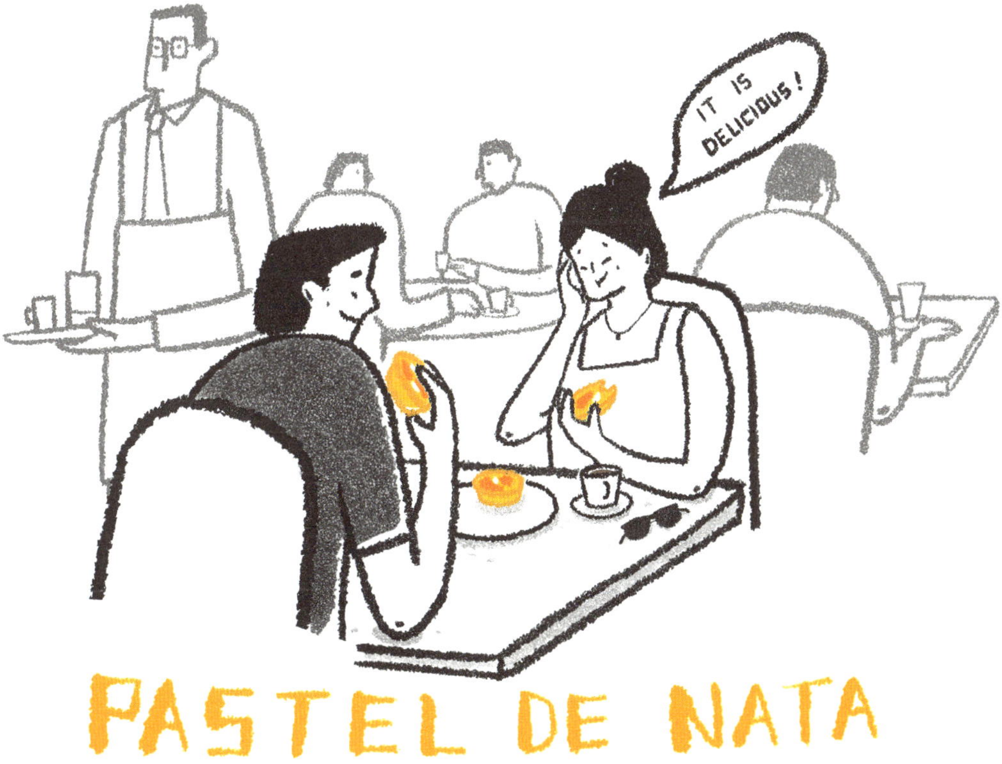
IT IS DELICIOUS!
PASTEL DE NATA

外卖柜台后是一排身手麻利的店员,点单、打包、找零一气呵成。每次我都会外带一盒暖暖的蛋挞才心满意足地离开,然而刚出店门就会忍不住打开盒盖,趁热偷吃一个。

葡挞（Pastel de Nata）的源头要追溯至 18 世纪的热罗尼莫斯（Jerónimos）修道院，修女与修士们以蛋清浆洗长袍，剩余的蛋黄则被巧妙地用于点心制作，葡挞就此诞生。

葡挞制作的工序并不烦琐，但每一步都考验技艺。

❶ 以蛋黄、奶油和砂糖调制内馅，分步加热不断搅拌，直至绵滑浓郁。

SEPARAR GEMA DE OVO

MASSA DE ANCARHÃO ENROLLADA

❷ 低温下，使用黄油反复折叠面团，擀薄至极，使其形成无数叠层。

❸ 内馅倒入酥皮模内，送入烤箱，静待温度升高，酥皮膨起馅心凝固，直至收获如蝉翼般的酥脆质感。出炉之际，馅心颤动，表面泛起焦糖色斑，这是好蛋挞的标志。

ESPALH

101　第二章　沿河漫步

蛋挞制作流程

当代艺术博物馆

我是个逛博物馆会上瘾的人，无论去到哪里，第一件事总是搜索当地有哪些博物馆。

在里斯本当然也不例外。特茹河旁聚集着众多博物馆，当代艺术博物馆（Museu de Arte Contemporânea - MAC/CCB）就是我最爱的博物馆之一。

这里的常设展大致按时间顺序排列，从 20 世纪初的立体主义、超现实主义，到战后的波普艺术、极简主义、概念艺术，再一路延伸到当代艺术的多元创作，这是一条静静展开的时间轴，带人慢慢走过整个现代艺术史。你可以在这里遇见安迪·沃霍尔（Andy Warhol）的波普肖像、亚历山大·考尔德（Alexander Calder）轻盈的雕塑，还有那些不太熟悉却很有趣的作品。

安迪·沃霍尔展区

亚历山大·考尔德的装置作品

它不像卢浮宫那样摩肩接踵,你可以慢悠悠地在某幅作品前站很久。我很喜欢那种不被打扰的自由:可以任意走走停停、发发呆,或者默默记住某个颜色带来的好心情。[(从左到右的作者分别为:伊夫·克莱因(Yves Klein)、萨尔瓦多·达利(Salvador Dalí)、蒙德里安(Piet Mondrian)、马塞尔·杜尚(Marcel Duchamp)]

馆内有趣的藏品

里斯本艺术、建筑和技术博物馆

同样在特茹河畔的里斯本艺术、建筑和技术博物馆（Museu de Arte, Arquitetura e Tecnologia，简称MAAT），也是一座展示当代艺术的空间。它外形低伏、曲线柔和，像是一道从河岸延伸出来的浪，一路延展到屋顶，与天光相接。

去年，MAAT 展出了瑞士裔阿根廷艺术家维维安·苏特（Vivian Suter）的五百多幅画作，是我一次很特别的看展体验。几百幅未经装裱的画布悬挂在空旷的展厅中，随风轻轻晃动，像是在和这座流线型的建筑一起呼吸。展览没有既定动线，我和其他参观者一起自由地穿梭其中，如同在风里散步。

国家瓷砖博物馆

葡萄牙街头随处可见的蓝白瓷砖被称为"Azulejo",它是一种传统的葡萄牙手工瓷砖,最初由摩尔人引入,后来葡萄牙人将其发展成了装饰和叙事的载体。

在葡萄牙待了好几年，才终于去了国家瓷砖博物馆（Museu Nacional do Azulejo），这里一步一景，比想象中更迷人。最喜欢的还是馆里的咖啡店，墙上保留着斑驳的

国家瓷砖博物馆咖啡店

瓷砖图案，拱门与拱顶自带年代感。阳光洒进来，打在蓝砖墙上，连咖啡香气都慢了一拍。

博物馆里还可以预约手绘瓷砖工作坊，需提前通过官网或现场服务台预约，通常每节课时长1小时左右，费用是8欧元到15欧元不等（包含材料和烧制）。48小时后便可领取自己亲手绘制的"Azulejo"啦！既可自己收藏又可作为礼物，有趣又实用，非常值得一试！

手绘瓷砖

庞巴尔侯爵广场

庞巴尔侯爵广场（Praça do Marquês de Pombal）位于里斯本的心脏地带，四通八达的道路与城市各个区域紧密相连，朝

第三章 城市生活

南的自由大道（Avenida da Liberdade）能直通老城区，广场附近设有丰富的地铁和巴士线路，能方便地前往城市各个角落。

这里是城市节奏和日常生活交织的地方。早高峰时车来人往，节奏飞快；傍晚则成了散步和小聚的好去处。一年中许多节日活动也爱选在这儿举行，一不小心就能撞上热闹。

庞巴尔侯爵雕像

广场正中央是庞巴尔侯爵（Marquês de Pombal）的雕像。1755年那场大地震几乎摧毁了整个老城区，是这位总理力挽狂澜，让城市从废墟里站了起来，并重新规划了如今我们熟悉的下城区。想想现在有轨电车穿街走巷、街道整整齐齐，全都和他有点关系。

自由大道

走在自由大道上，脚下布满用黑白石灰石或玄武岩拼出的图案，葡语叫"Calçada Portuguesa"。这是葡萄牙最具代表性的街头艺术之一，最早可追溯到19世纪中期，工匠们用一块块石头铺出图案，不借助机器，全凭手工。

葡式碎石路图案有时是波浪，有时是几何花纹，也有时藏着动物或神话的影子。久而久之，它也就成了城市记忆的一部分。

葡式碎石路

不同的碎石路图案

4·25 游行

每年的 4 月 25 日这天,自由大道会变得格外热闹。这一天是葡萄牙人口中的"自由日",是纪念 1974 年"康乃馨革命"成功的日子。队伍中有胸口别着康乃馨的老人,眼神温柔又坚定。有孩子骑在大人肩头挥小旗,有人拿着扩音器呼喊着"Liberdade! Liberdade!(自由!自由!)"。今天,全葡萄牙人都在庆祝自由。

当年的士兵正是将康乃馨插在枪口上，未开一枪，便推翻了独裁政权，成就了这场"不流血的革命"。因此，康乃馨也成了这场变革中最温柔、却也最坚定的象征。自由大道，原本就是一条以"自由"命名的街道，在这一天，更像是一座城市用自己的脚步，纪念当年的勇气。

125　第三章　城市生活

手中象征自由的 4·25 康乃馨

每年 6 月的里斯本不仅有沙丁鱼节，民众街头游行同样令人期待。这是一场属于城市的"花式走秀"——里斯本市各个社区提前几个月就开始排练，精心准备统一的服装、舞步和配乐，只为在 6 月 12 日晚在大家面前一展风采。

在自由大街上的游行队伍

游行

这项传统最初是为了庆祝里斯本的守护神——圣安东尼（Santo António）而举办。慢慢地，各个街区把它变成了自己的"荣誉之战"，谁的队伍最整齐、谁的主题最新颖、谁的歌声最响亮，全城都会投来关注的目光。

你会看到有的队伍盛装出席，大家边跳边唱，脸上全是认真又骄傲的神情。家人朋友们则高举着写着"阿尔法玛区加油""上城区最棒"的横幅给自己街区助威，场面比足球比赛还热血。

圣诞季的爱德华七世公园

每年一到圣诞季,爱德华七世公园(Parque Eduardo Ⅶ)就变成孩子们最爱的童话世界,闪烁的灯光、欢乐的音乐、各种节日小摊以及各种游乐设施,把整个公园装点得如梦如幻。

我也常常在这里停下脚步,感受那些浓浓的节日氛围,融入人群中,任由心情随着旋转木马的旋转而飞扬。

圣诞集市

圣诞集市的旋转木马

第三章 城市生活

双层观光巴士

经常能在里斯本街头遇到这种双层观光巴士，它的始发站就在庞巴尔侯爵广场附近。巴士的上层座位特别受欢迎，游客可以在高处享受开阔的视野，拍摄美丽的城市风景。与之前提到的电车不同，巴士的路线围绕着里斯本的各大景点，所以特别适合那些想要快速了解整个城市的游客。

在路上偶遇观光巴士

古本江博物馆

古本江博物馆（Museu Gulbenkian）离庞巴尔侯爵广场也不远，步行几分钟就能到。与闹市区不同，博物馆坐落在一片宁静的绿地中，与外界的喧嚣隔绝开来。

古本江博物馆大厅

    馆内的展厅、阅览区、活动空间自然过渡，走一圈就像在一场无声的文化漫步中穿行。你可以一边欣赏艺术品，一边遇见正在阅读或讨论的人群，感觉整个空间都在悄悄流动着思想和灵感。这样的设计，正体现了创始人古本江（Calouste Gulbenkian）希望将艺术真正融入日常生活的理念。

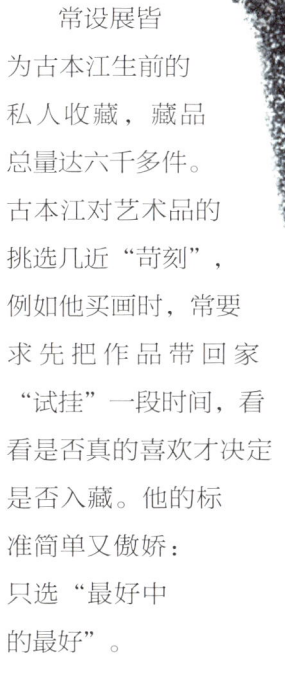

常设展皆为古本江生前的私人收藏，藏品总量达六千多件。古本江对艺术品的挑选几近"苛刻"，例如他买画时，常要求先把作品带回家"试挂"一段时间，看看是否真的喜欢才决定是否入藏。他的标准简单又傲娇：只选"最好中的最好"。

我最爱的馆藏
Madame Monet
（雷诺阿）

古本江展厅

古本江花园

户外的古本江花园（Jardim Gulbenkian）是市中心少有的城市绿洲，园内种满高大的松树、竹林与大片水生植物，一条条小径在林间蜿蜒，随意走走就能遇见睡莲池、野鸭和不动声色的乌龟。每当结束繁忙的工作，我总爱来这里画画、晒太阳、闻空气里树叶和阳光的味道。

在里斯本的第一个家

刚来里斯本的第一年，我便住进了这间百年小楼。楼下有咖啡馆，楼上住着年纪很大的房东太太，每天早上都会听她打开咯吱响的百叶窗，然后是意式摩卡壶"嘶嘶"的声响。每次回来，楼梯踩上去也吱呀作响，像是老房子在轻轻地欢迎我回家。

家

葡式生活

　　搬来不久,我第一次被"葡萄牙式楼层"搞晕了。以为租的是一楼,不需要怎么爬楼梯,结果行李一拎才发现得上两段——因为他们的"rés-do-chão"(底层)其实是我们说的"一楼",而"primeiro andar"(第一楼层)是我们眼里的"二楼"。头几次搬大包小包进出家里,还怀疑自己是不是记错了门牌。

文化差异

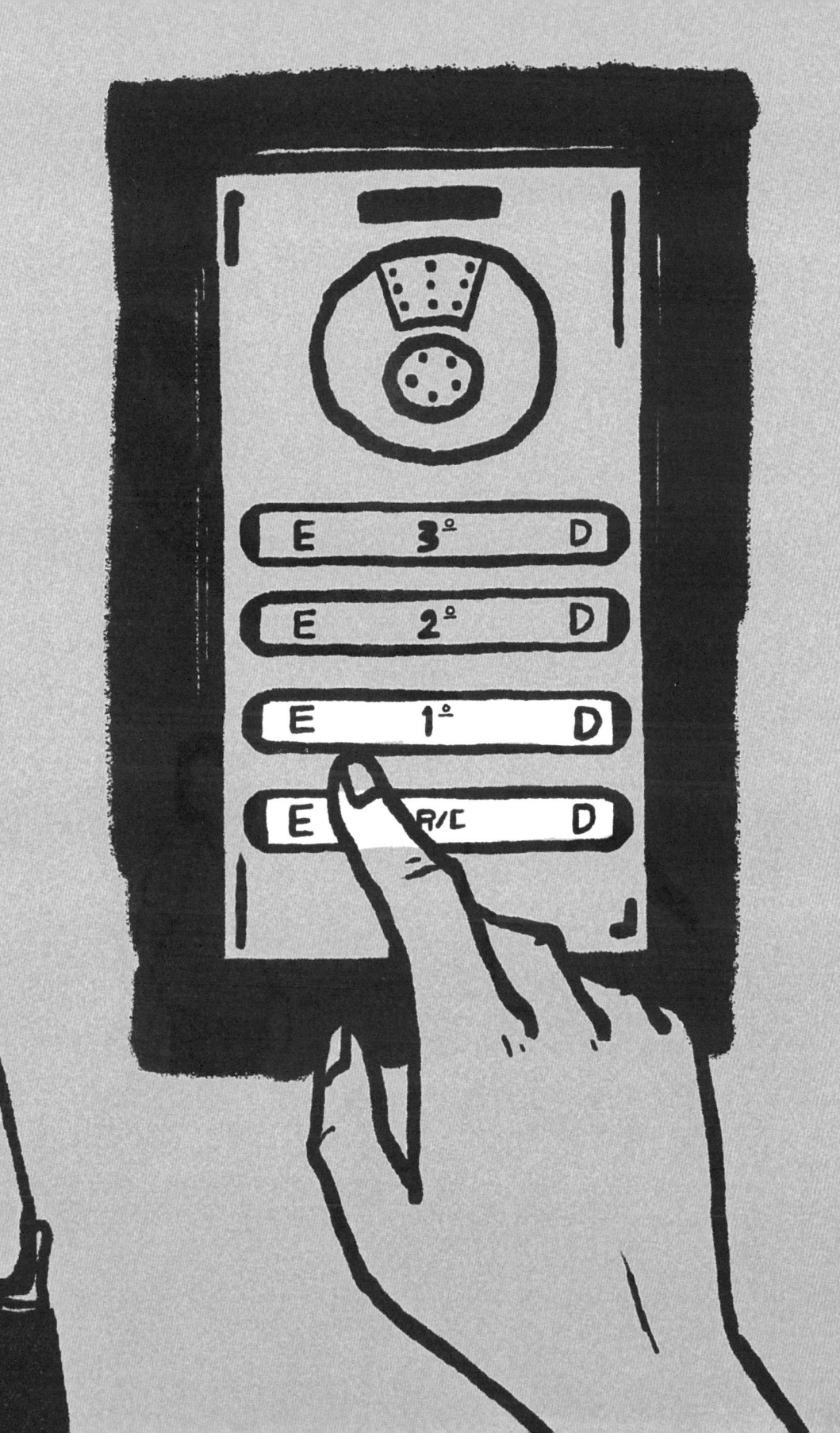

你好，下午好！

葡萄牙人对"打招呼"这件事异常执着。不管是邻居还是超市收银员，甚至初次见面的陌生人，见面一定会来一句"Olá"或"Bom dia"（皆为"你好"之意），不回应都觉得失礼。有次我在电梯里没及时打招呼，对方还特地补了一句"Bom dia"，像是在温柔提醒："你似乎忘记了什么"。

还有"扶门"文化——哪怕你离得还有点远，前面那人也会半转着身替你扶着门，一边等你一边微笑点头。有时候甚至有点小压力，不跑两步都觉得对不起这份礼貌。

这些文化差异一开始让我手忙脚乱，现在却成了我生活中最温柔的部分。我总觉得，好像真的和这座城市慢慢地靠近了。

楼下的冰激凌店

楼下的冰激凌店

家楼下有一家超火的冰激凌店,叫"Nannarella",是每次心情好要庆祝、心情差要安慰自己的地方。小小的铺子总是大排长龙,离不开它醇正的味道和亲民的价格。每当从楼上望见那条耐心且执着的人流,我便知道离夏天不远了。

店内口味众多,但我最爱的始终是两个:罗勒(basilico)和开心果(pistácio)。罗勒味听起来有点奇怪,毕竟在大多数人的认知里它是用来放在意面上的。但一口下去,就像把夏天的绿意送进口中,连呼吸都变得通透。而开心果是店里的王者,味道极其浓郁绵密,不靠甜味取胜,只靠真材实料打动人心。

如果你来里斯本,只能吃一家冰激凌,那我一定推荐这家,点这两个口味。吃完,说不定你也会像我一样,从此路过都忍不住停下来,再排一次队。

店里有不同口味的冰激凌

古董街

　　家周围还有不少藏着小惊喜的地方。冰激凌店往前走几步就是一条古董街,两边的店面不大,橱窗里却常常摆着意想不到的东西——银器、瓷器、老照片、打字机,看不懂也没关系,逛这条街的乐趣,本来就不在"买",而是在"发现"。

王储花园

再往上走一些，就能看到王储（Principal real）花园前的那座酒水亭（Quiosque）。亭子小小的，常年被绿树围着，顶上常飞来一两只鸽子。卖的东西也简单，咖啡、酒、果汁。这里是邻居们的"半公开客厅"，早晨有人在这里看报纸，下午则是聊八卦、晒太阳、喝杯葡萄酒。时间在这儿走得慢，还不如说，它干脆在某个午后停住了。

公园旁的酒水亭

王储花园

公园里藏着一棵巨大的雪松树,像撑开了一把树做的伞。枝干横着长,张开得特别自信,下面围了一圈圆圆的长椅,好像专为"懒人晒太阳"而设计。

马蒂姆·莫尼兹华人货行

  离老城区不远的马蒂姆·莫尼兹,一直被视作华人在葡萄牙最早扎根的地方。20 世纪 90 年代中期,几位华人在这里做起了服装批发的生意,慢慢地聚起了人气,成了人们口中远近闻名的"货行"。经过 20 多年的发展,这一片也渐渐有了"里斯本唐人街"的味道。

马蒂姆·莫尼兹广场

除了中国，这里还聚集了来自巴西、安哥拉、佛得角、印度、尼泊尔等国家的移民。大家在这里开设餐馆、商店，带来了不同语言、美食和文化。

目前，葡萄牙的外国居民人数约有 100 万，占全国总人口约 10%。其中，华人社区约有 3 万人，占外国人口的 2.7%。其他外国群体包括巴西人（36.8%）、安哥拉人（5.8%）和佛得角人（5%）等。

在葡萄牙生活的外国移民

 第三章 城市生活

勤劳的华一代

初到里斯本的华人，大多从最基础的工作做起：有人在中餐馆里掌勺；有人做"跑堂"，在餐厅里来回穿梭；有人开起杂货店；还有理发师、送货员，大家靠勤快的手脚，一点点在异国他乡站稳脚跟。

我常去的华人超市叫"华大利"——老板是我的老乡。每次进去,听到他用温州话问:"你找什么东西呀?"突然间觉得这个远离家乡的地方也变得亲切起来。

华人超市——华大利

超市中的许多食物一下就能勾起我们对家的思念。

油麦菜、芥蓝、空心菜这些葡萄牙超市买不到的新鲜蔬菜。酱料区摆着老干妈、豆瓣酱和火锅底料，还有小浣熊、辣条……对很多华人来说，能在葡萄牙找到这些熟悉的味道，简直是救命的存在。

春笋、芥菜……中超里长出春天

各式中国零食

有时候太想念中餐了,就会跑去货行吃一碗热腾腾的牛肉面,或者来一盘麻辣香锅,吃到鼻尖冒汗也不肯放筷。有些店还有"隐藏菜单",全靠点菜时跟老板"讲感

情"——要是你说得出地道菜名,老板眼睛一亮,可能就多给你上一道绝活菜。那熟悉的一口下肚,肚子仿佛都在说:"啊,回家了!"

胃满了,心就不空了

回忆家的味道

每年春节,货行都会变得格外红火,挂上灯笼,贴上春联,还有熟悉的"咚咚锵"锣鼓声。附近的阿拉米达(Alameda)广场也会搭起舞台,舞狮、舞龙的表演常常把观众吸引过去。舞龙的队伍里,小朋友们兴奋地追着龙尾跑,脸上带着笑,眼里全是光。锣鼓声震天响,让人不自觉地也跟着兴奋起来。

春节舞龙

热闹的舞狮表演

第三章 城市生活

阿拉米达广场的春节摊位

这天,不光是华人,周围街区的葡萄牙人也都会过来凑个热闹。有些本地人已经能熟练地说出"新年快乐""恭喜发财"。气氛特别像小时候的庙会——人挤人,挤得心里暖洋洋的。

万国公园世博区

如果想看看里斯本最具"现代感"的一面,就得去万国公园(Parque das Nações)世博区。1998年,这里举办了万国博览会,原本荒废的样子彻底变了,成为如今宽敞、明亮、充满未来感的新城区。

开红色火车的东方车站

整个区域的起点,就是那座造型别致的东方车站(Estação do Oriente),轻盈的钢结构像是一片片张开的羽翼,也是我第一次到这边来的地标记忆。

PARQUE DAS NAÇŌES

东方车站上层是火车站,可以搭长途列车去葡萄牙或其他欧洲城市;下层是地铁站,连接着市区各个主要区域。

回家和出发的人

METRO

里斯本的地铁线不算多,四条线路(蓝、黄、绿、红)基本能覆盖大部分区域。要到世博区可以搭地铁红线(Linha Vermelha),想去老城区,可以搭绿线(Linha Verde),就算是第一次乘坐,只要看一眼彩色的地铁图,也能轻松搞懂。

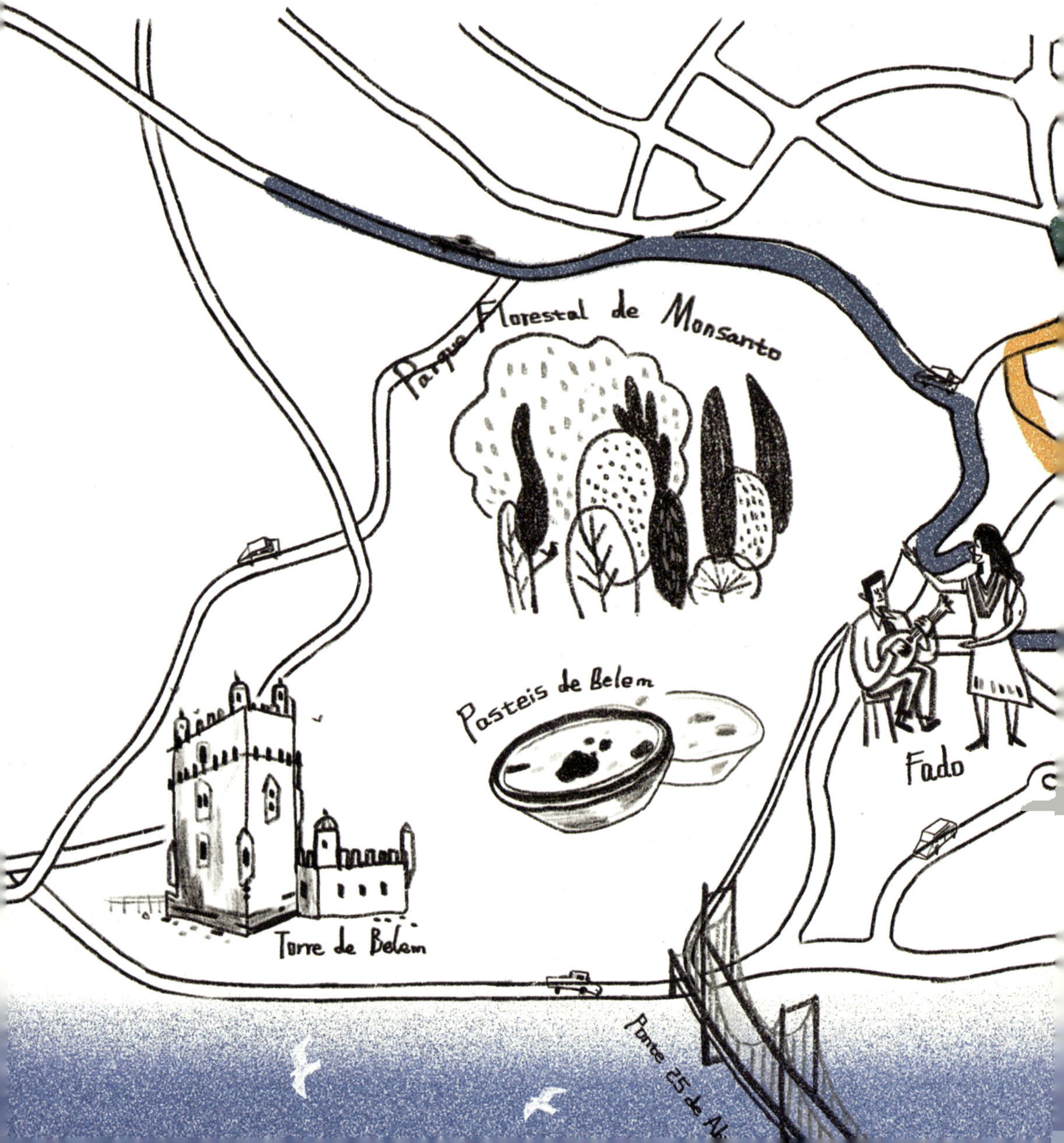

Parque Florestal de Monsanto

Pasteis de Belem

Fado

Torre de Belem

Ponte 25 de A

里斯本地铁图

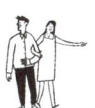

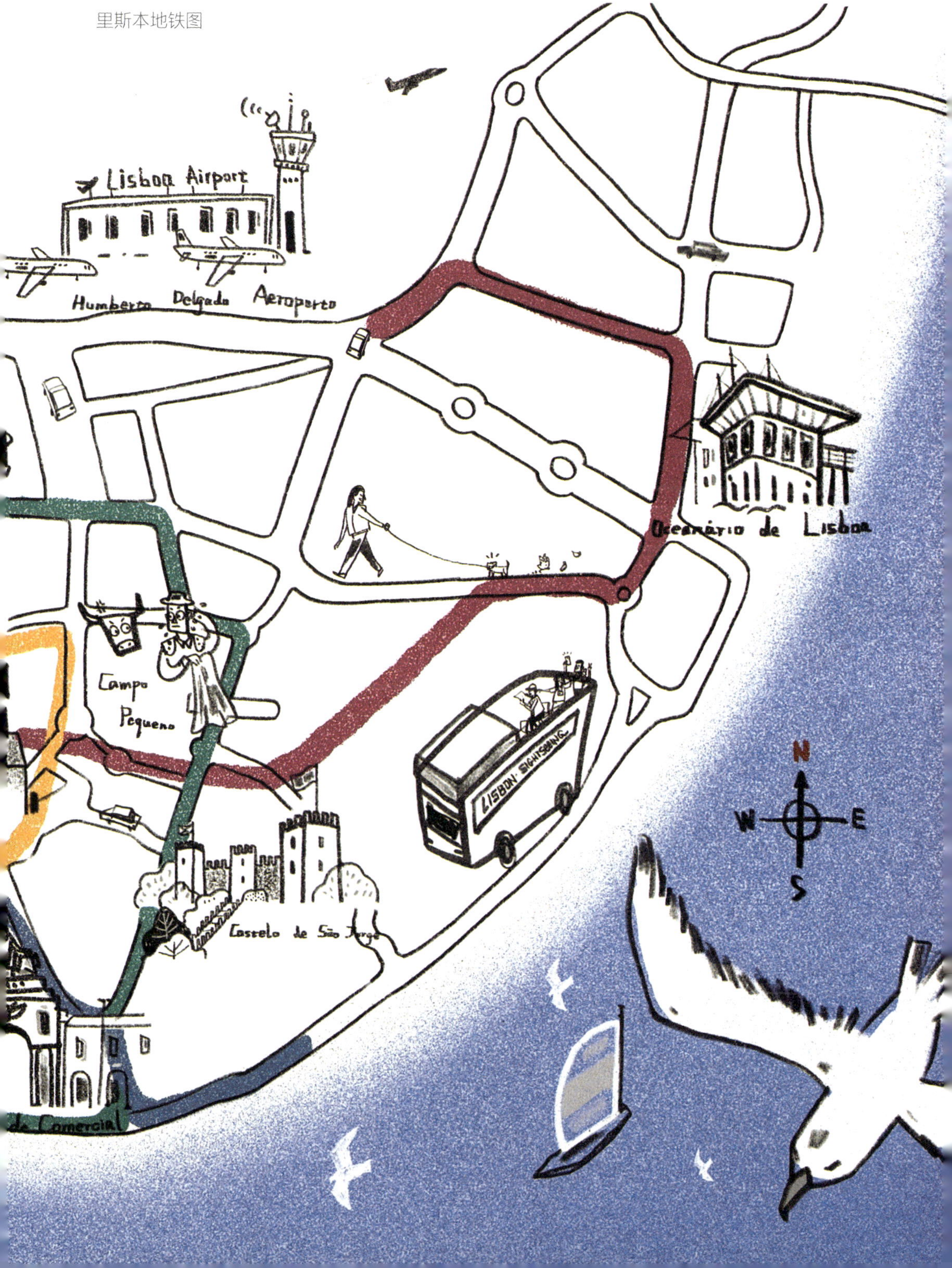
Lisboa Airport
Humberto Delgado Aeroporto
Oceanário de Lisboa
Campo Pequeno
LISBON · SIGHTSEEING
N
W
E
S
Castelo de São Jorge
de Comercial

达伽马购物中心（Centro Vasco da Gama）也是为了迎接世博会所建立。它的名字源自葡萄牙著名航海家达伽马（Vasco da Gama），因此购物中心各处的设计灵感也来自航海与探险。

世博区紧紧挨着特茹河,这里有一条长长的步道,沿着特茹河南北延展,每次来这儿散步都感觉十分放松。微风轻拂着海浪,心情不自觉地就会平静下来。

海边散步的人们

零点的新年烟花

如果刚好遇到跨年夜,这边则成了人们聚集庆祝的热闹场所。随着一句句"Bom ano!"(新年快乐!),五彩斑斓的烟花在空中绽放,也映照着在每个人的笑脸上。

第一次来世博区,推荐你乘坐缆车,这会是一个非常特别的体验,它连接着南北两部分,既能让你轻松横跨这片区域,也能在高空中打卡拍照美丽的全景。从北边出发,你能飞越海洋馆,眺望到远处的码头和海面上的船只。

海洋馆

世博区码头

欧洲最大的海洋馆

里斯本海洋馆（Oceanário de Lisboa）真的太受欢迎了！

尤其是周末，常常看到家长带着孩子，情侣们手牵手，一起探索海洋的奇妙世界。走在馆内，就像是和美丽的海洋生物一起"漂浮"在水中，真的很奇妙。

北边除了住宅区，还有绿意盎然的大公园，阳光好的时候非常适合与好友们野餐、休憩。带上毯子和野餐篮，随意地坐在草地上，看着狗狗肆意地玩耍奔跑，和好友分享近期的趣闻，日子简单而愉快。

仿佛隐匿的世外桃源

小偷市场

每周二和周六才热闹起来的 Feira da Ladra，是我在葡萄牙最喜欢的跳蚤市场。葡语中的"Ladra"意为小偷，翻译过来就是"小偷市场"，但这里可不是现在还有人偷东西，而是说市场上曾经混着来路不明的旧货，也有人说是因为东西便宜得像"偷来"的。

清早，摊主们便铺开各式各样的二手宝物，每一件都承载着岁月的痕迹，等待下一位有缘人带走。葡萄牙瓷砖、二手相机、书籍、小首饰……如果相中心仪的物件，别急着掏钱，不妨先和爱聊天的摊主问问它的来历与故事，顺便商量价格，或许能争取到不错的折扣。

卖家大多是本地居民，有的只是清理阁楼时翻出了一些祖母留下的餐盘和绣花桌布，也有专业的古董收藏者。有一次我买下一个老式打字机，虽然回家之后发现它根本没法使用，但还是觉得捡到了个好故事。

寻宝探险

本地居民摊位

停不下来的"买买买"

小偷市场没有统一定价,价格全靠砍,偶尔说两句葡语,比如"Quanto custa?"(多少钱?)或者"Posso ver?"(我可以看看吗?),卖家也会乐呵呵地回应你。

别忘了带现金,这里很多摊位是不刷卡的。还有,早去总是能淘到更多"压箱底"的好物!

FEIRA DA LA...

值得淘的好物：瓷砖

AZULEJO

餐具器皿

TALHERES VINTAGE

 195　第四章　市场的烟火气

二手相机

复古服饰

第四章　市场的烟火气

LX 工厂

城西也有几个我常去的市场，其中之一就是 LX 工厂（LX Factory）——这里原本是 19 世纪的纺织厂，如今变身为充满创意的文化聚落。

这里有涂鸦墙、独立书店、手工设计铺，还有一家家藏着好味道的咖啡馆和餐厅。每到周末，园区内还会有创意市集，卖老唱片、手工香皂、复古眼镜，像是把艺术家的工作室搬到了街头。

创意市集

慢读书店

我特别喜欢园区内的一家书店——Ler Devagar，意思是"慢慢读"。店内有着挑高的天花板和上下两层的书墙，书比人还多，安静地垒出一座书的城堡。最醒目的，当属挂在空中的"飞行自行车"装置艺术，据说象征着阅读带来的自由与想象力。

闲暇市场

闲暇市场（Time Out Market）原本是里斯本的传统菜市场里贝拉市场（Mercado da Ribeira）。2014年，这里经过改造，保留了一部分原有的菜市场，同时引入了大型美食广场，两者结合在一起，变成了今天热闹又时髦的模样。

人声鼎沸的闲暇市场

长长的木桌从头排到尾,来自世界各地的人们并肩坐着。有人举杯碰酒,有人忙着拍照打卡。这里没有拘谨的餐桌礼仪,大家像在开一个大派对,热热闹闹,肆意又自在。

清早的传统市场

在美食摊位的另一侧,售卖新鲜蔬果、海鲜肉类,保持着传统市场的生活气息。大部分传统市场上午七八点就开门了,越早去,品种越全、食材越新鲜。葡萄牙人早上挑鱼、挑菜,之后就开始慢悠悠准备午饭了。

205 第四章 市场的烟火气

市内几乎每个区都有传统市场。逛市场时别害羞,可以多问问摊主"今天什么最好",他们通常很热心,甚至会教你怎么做这道料理,在他们看来,美食本来就是用来交流的。也正因如此,我也慢慢学会了做葡餐。

今天的鱼好新鲜!

菜市场写生

第五章

别样风光
——卡斯卡伊

夏天到了,搭上一班去往卡斯卡伊(Cascais)的火车,一小时不到的车程,我通常会找个窗边的座位写生,看着里斯本的红瓦白墙渐渐远去,变为一望无际的蓝色海洋。列车一路向前,仿佛让人远离忙碌的现实,驶进永无止境的夏天。

海滨小镇卡斯卡伊

第五章 别样风光——卡斯卡伊

卡斯卡伊作为葡萄牙皇室曾经的避暑胜地，宛如一颗镶嵌在大西洋岸边的璀璨明珠。沿着绵延的海岸线散步，脚下是松软的沙，微微泛咸的海风迎面吹，夏天就在这一刻具象化。

你最爱在沙滩上做什么呢?踢球、看书,还是把贝壳放在耳边听大海的呼唤。葡萄牙人的打开方式是——铺开沙滩毯,涂上防晒,一躺就是一下午。这儿有阳光、轻柔的风和清澈的海,散漫又自由,难怪大家一刻都不想在家待。

沙滩上的人们

第五章 别样风光——卡斯卡伊

在沙滩上看海、写生

来葡萄牙旅行，海鲜绝对是绕不过的美食主角。

刚端上桌的海鲜饭（Arroz de Marisco），光闻那飘出的香气，就已经让人食指大动，每粒米饭都吸满了汤汁，一口接一口，根本让人停不下来。如果想

海鲜饭

海鲜拼盘

第五章 别样风光——卡斯卡伊

一次尝遍各种海味，可以点一份海鲜拼盘（Mariscada），刚刚捕捞的生蚝、虾、螃蟹摆得满满一大盘，光看就让人心情大好。还有外酥里嫩的炸墨鱼（Choco Frito），配一杯冰镇绿酒，幸福感直接拉满。

炸墨鱼

卡斯卡伊的面积不大，但每一处角落都充满着惊喜。圣玛丽亚之家（Casa de santa maria）被翠绿的海水包裹，这座卡斯卡伊出镜率最高的房子建于20世纪初，2004年被市政府购买后，目前是一个博物馆，每次路过都被外面的小海湾惊艳到驻足。

可以下水的小海湾

圣诞摩天轮

每年 11 月，在里贝拉（Ribeira）海湾还会准时架起摩天轮，来迎接圣诞节和新年的到来。随着 30 米高的摩天轮缓缓上升，脚下的小镇景色如长卷般展开，那些熟悉的街道、建筑和海滩便尽收眼底。

在卡斯卡伊度过一日，能收获那些平日里难以言喻的快乐。
就像海子的诗《幸福的一日——致秋天的花楸树》中所写到的：

今天的太阳　今天的马　今天的花楸树
使我健康　富足　拥有一生
从黎明到黄昏
阳光充足
胜过一切过去的诗

这份简单而又充实的喜悦，也正是生活带给我们的礼物。

葡萄牙旅行常用语

1 打招呼（Cumprimentos）

葡语	中文	发音提示
Olá	你好	哦拉
Bom dia	早上好	邦 迪呀
Boa tarde	下午好	波啊 塔尔德
Boa noite	晚上好 / 晚安	波啊 诺伊特
Sim / Não	是的 / 不是的	辛 / 囊
Obrigado(a)	谢谢	男说：哦布里嘎多 女说：哦布里嘎达
De nada	不客气	得 那达
Desculpe / Com licença	对不起 / 劳驾	得斯酷配 / 空 里森萨
Não faz mal	没关系	囊 法什 茂

2 星期与数字（Dias da semana e Número）

葡语	中文	发音提示
Segunda-feira 2ª feira	星期一	塞贡达 菲拉
Terça-feira 3ª feira	星期二	特尔萨 菲拉
Quarta-feira 4ª feira	星期三	夸尔塔 菲拉

续表

葡语	中文	发音提示
Quinta-feira 5ª feira	星期四	欣塔 菲拉
Sexta-feira 6ª feira	星期五	塞斯塔 菲拉
Sábado	星期六	萨巴度
Domingo	星期日	杜明古

葡语	数字	发音提示
zero	0	zei-ru（泽如）
um	1	唔
dois	2	多伊斯
três	3	特类斯
quatro	4	夸吐鲁
cinco	5	辛库
seis	6	赛斯
sete	7	塞特
oito	8	欧一度
nove	9	诺夫
dez	10	代须

3 在餐馆（No restaurante）

葡语	中文	发音提示
Entrada	前菜	应特拉达
Sopa	汤	锁吧
Carne	肉类	嘎了呢

续表

葡语	中文	发音提示
Marisco	海鲜	马里斯库
Pão	面包	棒
Prato principal	主菜	普拉图 普林西帕尔
Sobremesa	甜点	索布热梅萨
Bebida	饮料	贝比达
Assado / Cozido	烤的 / 炖的	阿萨度 / 哭兹度
Água	水	阿瓜
Café	咖啡	嘎飞
Guardanapo	纸巾	瓜了达拿布
O que recomenda daqui?	你推荐什么菜？	乌 克 黑孔曼达 达基？
Eu quero…	我想要……	哎哦 凯鲁……
Muito bom!	非常好！	慕意途 棒！
A conta, por favor.	请买单。	阿 空塔 普尔 法沃尔。

4 在街上/问路（Na rua）

葡语	中文	发音提示
Autocarro	公交车	奥托卡乎
Metro	地铁	美特鲁
Comboio	火车	空波由
Táxi	出租车	塔克西
Casa de banho	卫生间	卡萨 得 班妞
Multibanco	自动取款机	穆尔提班库
Farmácia	药店	发尔马西亚
Banco	银行	班库

续表

葡语	中文	发音提示
Pode tirar uma foto para mim?	能帮我拍一张照吗？	波得 提拉 乌玛 佛托 帕拉 明？
Como vou para...?	我怎么去……？	空姆 沃 帕拉……？
Onde fica...?	……在哪里？	翁得 菲卡……？

5 在超市/市场（No supermercado / mercado）

葡语	中文	发音提示
Saco	塑料袋	萨酷
Leite / Pão / Fruta	牛奶 / 面包 / 水果	雷特 / 棒 / 夫如塔
Peixe	鱼	佩许
Legumes	蔬菜	勒古梅斯
Pode pesar este, por favor?	可以帮我称一下这个吗？	波得 佩萨尔 埃什特，普尔 法沃尔？
Quero isto, por favor.	请给我这个。	凯鲁 伊什图，普尔 法沃尔。
Tenho saco próprio.	我自己带袋子。	坦妞 萨酷 普洛皮欧。

图书在版编目（CIP）数据

那些在里斯本的瞬间 / 周逸著绘. -- 北京：中国轻工业出版社，2025.7. -- ISBN 978-7-5184-5600-0

I. K955.29

中国国家版本馆CIP数据核字第2025GR7559号

责任编辑：刘忠波　　责任终审：高惠京
文字编辑：陈姿兆　　责任校对：朱燕春　　封面设计：王超男
策划编辑：陈姿兆　　版式设计：梧桐影　　责任监印：张京华

出版发行：中国轻工业出版社（北京鲁谷东街5号，邮编：100040）
印　　刷：天津裕同印刷有限公司
经　　销：各地新华书店
版　　次：2025年7月第1版第1次印刷
开　　本：720×1000　1/16　印张：14
字　　数：220千字
书　　号：ISBN 978-7-5184-5600-0　定价：98.00元
邮购电话：010-85119873
发行电话：010-85119832　010-85119912
网　　址：http://www.chlip.com.cn
Email: club@chlip.com.cn
版权所有　侵权必究
如发现图书残缺请与我社邮购联系调换
240843W3X101ZBW